LES DERNIERS JOURS

DE

M. HAMON

 CURÉ DE SAINT-SULPICE

PAR

UN PRÊTRE DE LA COMMUNAUTÉ DE SAINT-SULPICE

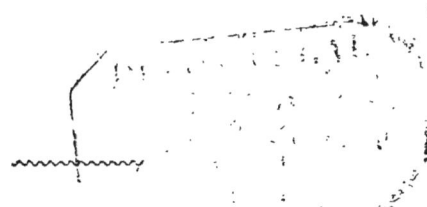

AU PROFIT DES PAUVRES DE M. LE CURÉ

PARIS

E. DE SOYE ET FILS, IMPRIMEURS-ÉDITEURS

5, PLACE DU PANTHÉON, 5

ET DANS TOUTES LES LIBRAIRIES CATHOLIQUES

1875

LETTRE

DE SON ÉMINENCE LE CARDINAL-ARCHEVÊQUE DE PARIS
A SON CLERGÉ,
A L'OCCASION DE LA MORT DE M. ANDRÉ HAMON
CURÉ DE SAINT-SULPICE.

Paris, le 17 décembre 1874.

Monsieur le Curé,

Un malheur, que nous redoutions depuis plusieurs semaines, vient d'ajouter un nouveau deuil à ceux qui ont si tristement marqué le cours de cette année. Après avoir perdu successivement des membres distingués de notre clergé, les chefs vénérés de plusieurs instituts réguliers, et quand la tombe d'un religieux éminent de la Compagnie de Jésus est à peine fermée, nous voyons disparaître du milieu de nous un prêtre vraiment accompli, M. Hamon. J'en éprouve une affliction profonde, et c'est un besoin pour mon cœur de rendre au vénérable curé de Saint-Sulpice un public hommage de mon estime et de mon affection. En exprimant mes sentiments, je suis bien assuré d'exprimer les vôtres.

Comment retracer en quelques lignes une carrière si belle et si dignement remplie ? Doué de qualités éminentes, qu'il s'efforçait de cacher sous le manteau de l'humilité, M. Hamon fut plus admirable encore par l'usage qu'il sut faire des dons qu'il tenait du Ciel. Entré encore jeune dans la Compagnie de Saint-Sulpice, il consuma sa longue vie dans les travaux les plus divers, et partout il mérita d'être cité comme un modèle. Professeur, il se montra dès le début théologien distingué ; supérieur de séminaire, il gagna la confiance et l'amour de ses élèves et de tout le clergé ; prédicateur, il continua dans ses discours et consigna dans ses écrits didactiques les meilleures traditions de la chaire ; biographe, il traça de main de maître, dans la Vie de saint François de Sales et dans celle du cardinal de Cheverus, deux portraits d'une vérité frappante, et ouvrit pour les âmes fidèles une source nouvelle d'édification ; enfin appelé, il y a vingt-trois ans, à diriger la paroisse de Saint-Sulpice, il déploya dans ce vaste champ un zèle qui assure à sa mémoire une place à côté du vénérable M. Olier.

Il n'est pas une vertu du prêtre et du pasteur qui n'ait brillé dans la vie de M. Hamon du plus vif éclat. Aimé des pauvres, qu'il recevait chaque jour, il se dépouillait de tout pour les secourir. Il avait dit à son peuple du haut de la chaire, le jour de son installation : « Je prends ici l'enga-
« gement solennel de tout donner aux pauvres ;
« je veux vivre pauvre, mourir pauvre, en sorte
« que je n'aie point de testament à faire, quand
« il plaira à Dieu de m'appeler à lui. » Il a fidè-
lement tenu sa parole.

La générosité des paroissiens et l'abnégation du curé avaient formé comme un fonds inépuisable, à l'aide duquel M. Hamon put entreprendre les œuvres les plus importantes. Mais, tout en poursuivant avec ardeur et prudence les desseins que lui inspirait son grand cœur, il ne négligeait point l'administration de sa paroisse. Non-seulement il était partout présent pour prévoir, présider, diriger, mais il ne s'épargnait pas pour accomplir le travail ordinaire et incessant du saint ministère ; on le voyait dans la chaire, au confessionnal, au chevet des mourants, soutenant par son exemple et encourageant tous ceux qui partageaient avec lui la charge des âmes.

Les journées, quoiqu'il sût si bien les remplir, ne suffisaient pas à la piété et au zèle de ce bon serviteur de Dieu ; il prenait sur le repos de ses nuits des heures qu'il consacrait à la prière prolongée au pied de son crucifix ou devant le Très-Saint-Sacrement ; car cette âme si douce aux hommes, était surtout affectueuse et tendre envers Dieu. C'est dans ces heures de solitude qu'il a trouvé le temps de réunir en corps d'ouvrage les fruits de son expérience dans la pratique de l'oraison.

Les plus hautes dignités ecclésiastiques furent offertes plus d'une fois et avec beaucoup d'insistance à **M. Hamon** : comment avec un si rare mérite et tant de vertus aurait-il pu échapper à des sollicitations de ce genre ? Mais son humilité, plus grande encore que ses talents, opposa à des offres pressantes des refus persévérants. Son obstination sur ce point n'était pas seulement inspirée par le respect des règles de la pieuse et savante Société à laquelle il appartenait, mais elle venait surtout de la redoutable responsabilité qui s'attache aux premières charges de l'Eglise : salutaire et généreux exemple qui, joint à tant d'autres, montre que l'esprit de modestie évangélique est toujours vivant parmi nous !

Un dernier trait de cette belle vie de prêtre fut l'amour de l'Eglise et de son chef visible. Cet amour éclatait dans toutes les paroles, dans tous les actes du digne curé. Nul n'a plus travaillé que M. Hamon à seconder le mouvement de foi et de piété qui ramène les âmes chrétiennes vers l'autorité du Souverain-Pontife et les pénètre du plus généreux dévouement pour sa personne sacrée.

Une telle vie n'a été qu'une longue préparation à une sainte mort. M. Hamon a vu venir de loin la fin de son exil, mais il entrait dans les desseins de Dieu de marquer cette fin du signe des élus. Une maladie cruelle fit des derniers mois de son existence un véritable martyre : au milieu de ses souffrances, cet homme de Dieu ne voulut rien relâcher de ses travaux : tant qu'il put marcher, il alla visiter les malades ; tant qu'il put se tenir debout, il continua à célébrer le saint sacrifice ; il ne s'arrêta que lorsque le mal l'eût terrassé. Son héroïque constance devant la douleur ne fut égalée que par sa douceur et sa reconnaissance envers ceux qui l'entouraient de leurs soins. Purifié comme l'or dans le creuset de cette suprême épreuve, il a rendu à Dieu sa belle âme dans des dispositions si saintes, que l'on serait porté plutôt à l'invoquer qu'à prier pour lui.

Toutefois, Monsieur le Curé, nous ne manquerons pas à ce devoir de la charité envers un prêtre que nous aimions tous avec une vraie tendresse, et je ne dois pas finir cette lettre sans vous rappeler ce devoir sacré. Mais, en même temps que nous demanderons à Dieu de hâter, s'il en est besoin, la délivrance de cette sainte âme, nous chercherons dans une vie si éminemment évangélique le modèle de la nôtre. Le souvenir de M. Hamon vivra dans le cœur du clergé de Paris comme une perpétuelle exhortation à la pratique des vertus sacerdotales ; il vivra dans le cœur des paroissiens de Saint-Sulpice, qui avaient pour lui un respect et un attachement si profonds, et qui, en ce moment, entourent ses restes mortels de tant de prières et de tant de regrets.

Recevez, Monsieur le Curé, l'assurance de mon affectueux attachement.

J. HIPP., *Cardinal-Archevêque de Paris.*

LETTRE

DE SON ÉMINENCE LE CARDINAL MATHIEU
ARCHEVÊQUE DE BESANÇON
A MADAME HAMON
BELLE-SŒUR DE M. LE CURÉ DE SAINT-SULPICE

Besançon, le 20 décembre 1874.

Madame,

Dans la triste circonstance de la mort du si digne M. Hamon, curé de Saint-Sulpice, je ne puis me dispenser de vous ouvrir mon cœur, ainsi qu'à sa famille, et de vous dire mes sentiments à son égard.

Lorsque je vins, en 1820, du séminaire d'Issy à celui de Paris, j'y trouvai M. Hamon, tout jeune encore, directeur et professeur de dogme. C'était un ange de piété, un grand cœur et un grand esprit. Doué d'une facilité merveilleuse, il travaillait avec la même ardeur que s'il avait eu besoin d'en compenser le défaut par des efforts assidus; aussi tout ce qu'il faisait était marqué au coin de la science, et aussi du bon goût, car il était fort lettré.

M. Hamon n'était pas seulement un professeur distingué, dont les thèses, que j'ai prises sous sa dictée et que je garde avec soin, étaient comme autant de chefs-d'œuvre; il était aussi orateur; car outre un penchant naturel pour l'éloquence, il ne négligeait rien et préparait avec soin ses discours et ses sujets d'oraison. Mais ce qui le rendait surtout remarquable, c'était son grand amour pour Dieu, qui s'échappait souvent en flammes, quand il se croyait seul, ou quand l'occasion l'y portait. Ce qu'il a été au premier jour de sa position au séminaire comme directeur, il l'a été toute sa vie comme supérieur de tant de maisons considérables, et enfin comme directeur et curé de Saint-Sulpice, où il s'est consumé dans le plus laborieux de tous les ministères, prêchant à outrance, et toujours sans fatigue pour ses auditeurs, confessant, administrant, et se trouvant toujours le premier aux exercices de sa communauté, non-seulement comme directeur, mais aussi comme curé; exactitude qu'il a poussée jusqu'aux dernières limites malgré l'âge et la maladie.

Il était bon et accueillant pour tous; il savait se dominer dans les ennuis et les importunités, quoiqu'il fût d'une vivacité extrême. Avec un esprit des plus élevés, des plus ornés et des plus charmants, il était simple comme un enfant : l'humilité faisait ses délices; et ce fut sans regret qu'il vit s'éloigner de sa tête une mitre qu'il aurait parfaitement portée. Il avait eu beaucoup de bontés pour moi pendant le temps de mon séminaire, et elles ne se sont jamais démenties; aussi je lui rendais avec usure son affection, et sa mort m'affecte comme celle d'un parent bien-aimé. Quoique j'aie la confiance que ses mérites accumulés lui ont valu

*

une part exquise devant Dieu, je ne l'oublierai point dans mes prières et conserverai le souvenir de lui tant que je vivrai, et à ma messe, et à mes invocations du soir où je réunis tous ceux qui me furent chers et qui se sont endormis dans le baiser du Seigneur.

Laissez-moi, Madame, déposer cette page sur sa tombe, et confiez-la à sa famille ; c'est le tribut que je paie à un des plus dignes ecclésiastiques de ces derniers temps.

Je vous prie donc, Madame, d'être mon interprète auprès de tous les vôtres et de recevoir l'assurance de mes sentiments respectueux.

† CÉSAIRE, *Cardinal-Archevêque de Besançon.*

LES DERNIERS JOURS

DE

M. HAMON

CURÉ DE SAINT-SULPICE

~~~~~

Une belle vie vient de s'éteindre dans le clergé de France : le 16 Décembre, M. Hamon, curé de Saint-Sulpice, a rendu son âme à Dieu, dans sa quatre-vingtième année.

C'était hier, ce semble, qu'on le voyait encore dans le trajet de la rue Férou à l'église Saint-Sulpice ; la démarche incertaine et distraite, le corps penché de côté, les mains dans ses manches, égrenant un chapelet qu'il récitait, sans souci des passants qui pouvaient le rencontrer.

Sans le connaître personnellement, on devinait le curé de Saint Sulpice : ce devait être celui dont on disait tant de bien, et dont on racontait tant d'œuvres charitables. On le regardait avec une respectueuse curiosité, on était édifié de la simplicité de sa mise ; et, quand on l'abordait, on se sentait charmé du sourire de son regard, de la franchise de sa parole, et de la bonté de son expression. Il y avait, dans la physionomie générale de ce vieillard, quelque chose de singulièrement sympathique : Comme il est bon ! disait-on en le quittant ; et quel saint prêtre !

Oh ! oui, il était bon ! Appelez en témoignage les Petites Sœurs des Pauvres et les vieillards du vaste et magnifique asile qu'il a fondé pour eux dans la rue de Notre-Dame des Champs ; interrogez aussi les Sœurs de Saint-Vincent de Paul et les Dames de toutes les œuvres charitables de la paroisse Saint-Sulpice ; voyez ceux qu'on appelait les *Pauvres de M. le Curé*, et ces autres pauvres qui venaient, chaque jour, à la sacristie, après la messe de huit heures, pour y recevoir du pieux pasteur la charité de l'action de grâces ; interrogez, voyez, et vous saurez ce qu'il y avait de charité dans le cœur de ce bon prêtre ! Encore tout ne serait pas dit. A Paris et en province, que d'aumônes, que de libéralités pratiquées dans le secret et sous le seul regard de Dieu !

M. Hamon n'avait pas seulement un bon cœur, un cœur tendre et généreux ; c'était aussi une belle intelligence et un esprit cultivé ; c'était un théologien, un orateur, un érudit et un écrivain distingué. Nous n'avons qu'à rappeler ici ses trois volumes de *Méditations*, son *Traité de la Prédication*, sa *Vie de saint François de Sales* et la *Vie du cardinal de Cheverus*.

Les grandes plaies morales et sociales du temps et du pays où nous vivons nâvraient l'âme de M. Hamon ; et ce fut pour y remédier, dans sa paroisse, qu'il fonda ou développa, au bénéfice de l'enfance et de la jeunesse, des établissements et des œuvres d'une grande importance.

Mais ce qui le préoccupait par-dessus tout, c'était la nécessité de la prière. « Comme nous avons besoin de la prière, s'écriait-il sans cesse ; il faut donc bien prier ; il n'y a que la prière qui puisse nous sauver. » Alors toutes les associations, toutes les pieuses confréries de sa paroisse recevaient de sa piété une impulsion nouvelle ; et, par le concours des prêtres de sa Communauté, on les voyait se développer, comme autant d'œuvres expiatoires entre les iniquités des hommes et les châtiments de la justice de Dieu. Pour lui, personnellement, il n'y avait qu'à le voir dans la prière, aux offices de l'Eglise, pour juger de sa piété et de sa ferveur ; et quand on l'entendait, ensuite, dans le ministère de la divine parole, aux accents de sa foi et de sa charité, on appréciait bientôt l'homme de Dieu et le prêtre dévoué au salut des âmes.

Avec les qualités éminentes que nous venons de rappeler, il ne fallait plus qu'une vertu pour faire de M. Hamon un homme d'élite et un prêtre modèle, c'était la modestie, l'humilité ; et il la possédait avec

***

une simplicité, une naïveté et une douceur qui faisaient le charme de sa physionomie. Il y avait du caractère de saint François de Sales dans celui de son pieux historien; et l'on sentait que ce n'était pas seulement par l'étude du bienheureux évêque de Genève qu'il le reproduisait dans sa personne, sa nature l'y portait avec une harmonieuse sympathie.

Après cela, en suivant M. Hamon dans le cours de sa longue carrière, on ne s'étonne pas de le trouver partout estimé et aimé. C'est chez M. Lieutard, d'abord, qu'on le rencontre parmi les élèves les plus pieux et les plus brillants; on le voit, ensuite, avant trente ans, professeur d'un grand mérite au séminaire de Saint-Sulpice; et, quelques années plus tard, savant théologien et casuiste fréquemment consulté, il est envoyé comme supérieur au grand séminaire de Clermont, puis à celui de Bordeaux. Il y a vingt-trois ans qu'il a quitté la direction de ces séminaires, et les diocèses dans lesquels ils se trouvent, conservent toujours le souvenir des enseignements et des exemples qui ont formé tant de prêtres à la science religieuse et aux vertus sacerdotales.

Ajoutons que, devenu curé de Saint-Sulpice, le digne fils du vénérable M. Olier se sentit toujours travaillé du désir de s'employer à la sanctification du clergé. Pendant que ses confrères prenaient, en vacances, le repos qui leur était nécessaire, et dont il aurait eu lui-même si grand besoin, souvent il prêcha des retraites ecclésiastiques; et il avait plus de soixante-dix-huit ans lorsqu'il donna la dernière dans le diocèse de Chartres.

Il faudrait tout un volume pour raconter dans les détails ce que nous venons de rappeler sommairement, de cette belle et sainte vie de quatre-vingts ans. Ce livre sera fait, nous l'espérons; car il doit être d'une véritable utilité pour le clergé et d'une grande édification pour tous. En attendant, ce que nous voudrions faire connaître ici, c'est, surtout, le caractère personnel du vénérable curé de Saint-Sulpice.

Au milieu des agitations d'une vie pleine d'activité à l'extérieur, l'homme, et le prêtre lui-même, dépassent quelquefois les bornes naturelles de leur caractère individuel; mais, en présence de la mort, aux portes de l'éternité, une âme, naturellement droite surtout, se révèle dans toute sa simplicité; et c'est ce que l'on vit plus particulièrement dans les deux derniers mois de la vie de M. Hamon.

Il avait près de soixante dix-huit ans, lorsqu'il commença à sentir les atteintes de la cruelle maladie qui devait l'emporter. — Il était né le 18 Mai 1795. — Jusque dans ses dernières années, il avait traité son corps sans ménagement, et, comme disait le Père Lacordaire de Frédéric Ozanam, « avec l'imprudence d'une âme qui croit trop à l'éternité pour user d'égards envers le temps. » Le corps finit par se venger de ces témérités : une tumeur cancéreuse prit naissance à l'estomac, et ses progrès se firent avec des souffrances toujours croissantes. L'énergique vieillard lutta tant qu'il put contre la violence du mal. Pendant plus de dix mois, on le vit en proie à des douleurs qui courbaient son corps et s'exprimaient sur sa figure par la décomposition des traits; et cependant, M. Hamon ne diminuait encore rien de ses occupations à la paroisse, ni de sa ponctualité aux exercices de sa Communauté. Pendant les rigueurs de l'hiver 1873 à 1874, il continuait à se lever avant cinq heures, et il allait passer plus d'une demi-heure devant le Saint-Sacrement, dans une chapelle très-froide. Le mal s'aggravant sans relache, M. le Curé essaya quelques semaines de repos au sein de sa famille, dans le courant de Juin, mais il revint bientôt à sa chère Communauté. Jusqu'au 27 Octobre, il eut le courage d'aller dire sa messe à la paroisse, malgré les vives souffrances qu'il endurait quand il était obligé de marcher, ou simplement de se tenir debout. Il lui était si doux, disait-il, de prier avec ses bons paroissiens ! Et cependant, il se sentait déjà si gravement malade que, plusieurs fois, il exprima le désir de recevoir l'Extrême-Onction.

Enfin, le 28 Octobre, M. Hamon dut renoncer à se

rendre à sa chère église de Saint-Sulpice, et il était alors dans un état tel qu'il dût aussitôt prendre et garder le lit, et que, le lendemain, on crut devoir acquiescer à son désir en lui administrant le sacrement des malades.

M. le Supérieur général de Saint-Sulpice, tous les prêtres de la Communauté, plusieurs prêtres du Séminaire et de la paroisse, se trouvaient alors réunis dans la chambre du malade. Ils n'oublieront pas les pieuses et touchantes paroles qu'il leur adressa après l'administration du sacrement. Il commença par les remercier affectueusement des sentiments qu'ils étaient venus lui témoigner. Il ajouta, qu'avec le regret de les quitter sur la terre, il avait la consolation de penser que, par son successeur, le bon Dieu serait mieux aimé et plus glorifié dans la paroisse de Saint-Sulpice. Enfin, il leur demanda pardon de la peine qu'il aurait pu leur faire, ajoutant que, pour lui, il n'en avait eu d'autre, à leur égard, que celle du regret d'avoir pu les peiner. Chacun des prêtres présents à cette scène attendrissante s'approcha alors du malade, chacun d'eux reçut du vénérable Curé une parole, un signe particulier de pieuse affection, et tous se retirèrent profondément impressionnés de ce qu'ils venaient de voir et d'entendre.

M. Hamon n'oublia personne dans l'expression qu'il donna alors à sa reconnaissance. Les domestiques qui le servaient, celui, surtout, qui était plus particulièrement attaché à sa personne, demeurèrent vivement touchés de sa gratitude pour les soins qui lui étaient prodigués.

On croyait alors tellement à la fin très-prochaine de M. le Curé, qu'on lui donna, peu de temps après, l'indulgence de la bonne mort. Et, cependant, Dieu voulait lui continuer encore les épreuves de la souffrance pendant plus de six semaines.

On vit alors arriver, chaque jour, à la Communauté de Saint-Sulpice, une multitude de personnes de toutes les classes et de tous les quartiers de Paris, qui venaient s'inscrire ou demander, avec un intérêt ému, des nouvelles du vénérable malade. Des archevêques, des évêques vinrent aussi visiter, dans sa pauvre petite chambre, celui qui avait refusé deux fois les honneurs de l'épiscopat; et l'on vit, tout particulièrement, Leurs Eminences le Cardinal-Archevêque de Paris et le Cardinal-Archevêque de Rouen, venir plusieurs fois apporter leurs bénédictions au pieux malade, et s'édifier de sa résignation et de sa paix joyeuse en présence de la mort. Mgr l'Archevêque de Paris permit la célébration de la sainte messe dans la chambre du malade, et cette autorisation fut renouvelée pour les trois dimanches suivants.

Cependant, tandis que des journaux mal informés racontaient, tous les jours, les derniers moments et la mort de M. Hamon, le serviteur de Dieu continuait à vivre et à mourir lentement dans de très-vives souffrances. Pendant les premières semaines des deux derniers mois de sa vie, il ne fut en proie qu'à la douleur physique, et alors, c'était un spectacle vraiment admirable que celui qu'il donnait à ceux qui l'entouraient, par sa résignation, son détachement de la vie, et sa joie de quitter la terre pour le ciel.

« Ah ! disait-il, un jour, à l'un de ceux qui l'entouraient, qu'il m'est doux de penser que tous ces saints dont nous célébrons chaque jour la fête, que la très-sainte Vierge, que le bon Dieu lui-même, je vais bientôt les voir dans le paradis ! »

Un autre jour, au moment où il sortait comme d'un demi-sommeil, le même prêtre l'entendit s'écrier avec émotion et les mains jointes :

« *Pauvre* chère paroisse de Saint-Sulpice ! comme je la recommanderai au bon Dieu quand je serai devant lui ! »

Quelques jours plus tard, le prêtre qui le soignait le vit tendre les mains, comme pour réclamer quelque service.

— Que désirez-vous, monsieur le Curé ? lui demanda-t-il.

— « Ce que je désire ? ah ! plus rien que le ciel ! Le ciel ! le ciel ! oh ! qu'il s'ouvre donc devant moi ! ouvrez-moi vite les portes du ciel ! »

— Mais quel est donc le vrai chemin pour aller au ciel? lui demanda le prêtre qui était près de lui.

— « Le vrai chemin, lui fut-il répondu, c'est celui de la volonté de Dieu. »

Et, cependant, le ciel ne s'ouvrait pas encore au gré des désirs empressés du pieux malade. Plusieurs fois, il se crut à son dernier moment, et il demandait alors les prières des agonisants. Une nuit qu'il était dans cette pensée, il fit appeler le prêtre qui couchait près de lui pour lui demander ce dernier service. Celui-ci vit bientôt que ce n'était qu'une crise passagère et que la mort n'était pas imminente.

— Vous vous trompez, dit-il au saint curé, le bon Dieu ne vous appelle pas encore ; et il se retira.

Le lendemain, M. Hamon lui faisait ses excuses de l'avoir dérangé inutilement, puis il ajoutait; avec son bon et naïf sourire :

— « J'ai été bien attrapé, cette nuit ! je croyais si bien que j'allais remonter vers Dieu ! »

Une autre fois, qu'il appelait, pensant qu'enfin il allait quitter la terre :

— Non, pas encore, lui fut-il répondu.

— « Ah! pas encore! pas encore! s'écria-t-il avec tristesse ; enfin, *fiat! fiat!* »

Non, pas encore! Avant de le rappeler à lui, Dieu voulait l'associer plus particulièrement aux sacrifices expiatoires du Sauveur Jésus en faveur des âmes. Cette épreuve fut rude ! Après le calme et la sérénité, de véritables tempêtes vinrent agiter cette âme, jusque-là si paisible. C'était pendant la nuit surtout. Celui qui écrit ces lignes l'entendait se débattre dans des agitations douloureuses et des anxiétés navrantes. Le matin, lorsqu'il allait près de lui, il le trouvait encore en proie à ces tortures de l'âme, et il lui fallait quelquefois beaucoup de temps pour l'aider à retrouver la paix. Tant qu'il ne s'agissait que des souffrances physiques, le saint malade trouvait facilement la résignation dans sa foi et dans sa piété. Un matin, après une nuit très-pénible, il nous disait :

— « J'ai beaucoup souffert toute la nuit, et cependant, elle m'a été bien douce ! Je l'ai passée tout entière en répétant le cantique du *saint acquiescement* de saint François de Sales ; et j'oubliais mes souffrances dans ces pieux sentiments. »

Mais quand le vénérable prêtre était travaillé par les épreuves de l'âme, son esprit s'obscurcissait, et il ne savait plus se reconnaître dans ces ténèbres intérieures. Alors, le moyen que sa foi lui suggérait pour ne pas succomber au découragement, c'était l'obéissance.

— « Tenez, nous dit-il un jour, je le sens, ma tête s'en va ; mais j'ai confiance en vous, je vous en prie, dites-moi bien toujours tout ce que je dois faire et je m'y conformerai. »

— Il le fit, en effet.

Dans les dernières semaines de novembre, les épreuves intérieures devinrent plus pénibles. Un jour, vers quatre heures du matin, il nous fit appeler, en nous conjurant d'avoir pitié de lui ! Et comme nous nous excusions des conseils que nous avions à lui donner pour ramener la paix dans son cœur :

— « Ah ! répondit-il, dites-moi toujours la vérité, jusqu'à la fin ; j'en ai si grand besoin ! »

Peu de temps après, il nous fit rappeler, en demandant à se confesser, et il reçut ensuite la sainte communion avec une véritable jubilation.

Plus tard, dans un moment de calme, nous prîmes confiance de lui demander quelle était surtout l'application qu'il se proposait dans ses plus vives douleurs.

— « Ah ! nous répondit-il, les âmes égarées de la paroisse ! les pauvres pécheurs ! et les pécheurs mourants surtout ! »

Ces sentiments étaient, en effet, ceux qui préoccupèrent le plus douloureusement son cœur pendant toute la durée de son ministère dans la paroisse de Saint-Sulpice ; et il est chrétien de penser que Dieu éprouva son fidèle serviteur au bénéfice des âmes à sauver, avant de l'appeler à lui dans le sacrifice de sa vie. A l'imitation de saint André, son patron, M. Hamon aimait la croix, *la bonne croix* ; il la préférait à celle de la Légion-d'honneur, qui lui avait été donnée, et il voulait bien la porter, celle-là.

Un jour, dans un moment de divagations, M. Hamon demanda une nouvelle consultation de médecins ; et, comme il revenait sans cesse sur cette idée qui le fatiguait inutilement, pour l'en délivrer, nous lui rappelâmes que nous lui avions promis la vérité, et nous lui déclarâmes, en conséquence, que son mal était tout à fait incurable.

— « Merci, mon cher ami, nous répondit-il avec une douce résignation, merci ! »

— Et il rentra dans un calme complet.

La sainte communion produisait sur le pieux malade des effets vraiment admirables. Pendant les sept semaines qu'il demeura alité, il la reçut, presque chaque jour, avec un bonheur qui lui faisait oublier ses souffrances pour des heures entières ; et c'était bien souvent avec des tressaillements d'amour inexprimables. En lui donnant le bon Dieu dans la solitude de cette humble et petite cellule de la Communauté, en voyant cette figure de vieillard épanouie d'une joie toute céleste, en l'entendant répéter des paroles si brûlantes de l'amour divin, il nous est venu souvent à la pensée que si un incrédule s'était trouvé là, dans un coin de cette chambre, et qu'il eût vu et qu'il eût entendu ce que nous avions le bonheur de voir et d'entendre, il y aurait trouvé la foi. Nous en étions souvent ému jusqu'aux larmes.

Le saint prêtre hésita plusieurs fois, à faire la sainte communion, dans la crainte, disait-il, de manquer au respect dû à la divine Eucharistie ; et il ne fallait rien moins que les assurances réitérées de son confesseur pour l'y déterminer. Du reste, il ne voulut jamais communier qu'à jeun ; et une nuit qu'on lui présentait à boire, vers une heure du matin :

— « Non, répondit-il, je n'ai pas communié hier, et j'aime mieux mourir que de me priver aujourd'hui de la sainte communion. »

Mais ce fut surtout le 21 Novembre, le jour où les prêtres renouvellent leurs promesses cléricales, à l'occasion de la fête de la Présentation de la très-sainte Vierge, que M. Hamon exprima tout l'amour de son cœur au Dieu de l'Eucharistie. Il venait de recevoir le bon Dieu avec l'effusion des plus pieux sentiments, lorsque le prêtre qui l'assistait lui présenta le Saint-Ciboire, en lui rappelant les premières paroles des promesses cléricales : *Dominus pars hæreditatis meæ et calicis mei*; le Seigneur est la part de mon héritage et de mon calice :

— « *Tu es qui restitues hæreditatem meam mihi!*

ajouta le malade avec un tressaillement de tendresse. C'est vous, Seigneur, qui me rendrez mon héritage! »

Deux jours avant sa mort, dans des suffocations qui présageaient une prochaine asphyxie, M. Hamon put encore recevoir la sainte communion sous une petite parcelle.

Le vénérable malade fut surtout en divagations passagères dans les deux dernières semaines de sa vie; mais ces absences étaient ce qu'elles devaient être dans un prêtre qui avait consacré son intelligence et son cœur à Dieu pendant près de quatre-vingts ans; c'étaient de pieuses divagations. Un jour, il voulait se lever pour aller à l'église, pour dire sa messe. Une autre fois, il demandait à réciter son office; et on le contentait en lui donnant un Bréviaire qu'il serrait sur son cœur, en murmurant des prières.

Le dimanche qui précéda sa mort, il était en proie à un délire plus opiniâtre, et dont il avait été impossible de le faire sortir, après plus d'une heure de tentative. Alors une idée vint au prêtre qui le gardait :

— Père, lui dit-il, voulez vous bien me rendre le service d'entendre ma confession?

Le malade se recueillit.

— « Oui, répondit-il, je le veux bien. »

Le prêtre se confessa; et M. Hamon, après l'avoir écouté très-attentivement, lui adressa quelques mots sans incohérence, et lui donna très-distinctement l'absolution.

Après la sainte Eucharistie, une des consolations les plus précieuses pour le pieux malade, au milieu de ses souffrances, c'était de se sentir en communauté, entouré de confrères qui étaient tous si empressés et si heureux de lui prodiguer leurs soins ! Un jour, il disait à l'un d'eux :

— « Je viens de passer une très-mauvaise nuit, et, cependant, je suis content et tout heureux ; c'est si doux de vivre en communauté, et au milieu de si bons confrères ! »

Au milieu même de ses plus vives souffrances, M. Hamon se montrait profondément reconnaissant des services qu'il recevait de ses confrères, ou du domestique qui lui donnait ses soins ; et il exprimait sa gratitude avec une délicatesse et une émotion qui les touchaient quelquefois jusqu'aux larmes. Combien de fois ne lui avons-nous pas entendu dire, après avoir reçu quelque service :

— « Oh ! merci : je ne puis plus rien pour vous témoigner ma reconnaissance ; mais, bientôt, quand je serai devant Dieu, c'est à lui que je demanderai de vous récompenser : soyez béni ! »

Il était tout particulièrement reconnaissant à ceux qui lui parlaient du bon Dieu, ou qui priaient près de lui.

— « Merci, disait-il un jour à l'un d'entre eux, après une prière faite en commun ; c'est au service que l'on me rend par la prière que je reconnais le bon prêtre et le bon ami. Vous ne pouvez pas me guérir, mais vous priez avec moi et pour moi : merci, je vous le rendrai devant le bon Dieu ! »

Enfin, le dernier jour était arrivé : jour de délivrance pour le saint malade, mais aussi jour d'un deuil profond pour les prêtres de Saint-Sulpice. C'était le 16 Décembre. Ce jour-là, de grand matin, le prêtre qui le soignait était près de lui, et il reconnut vite que la mort était proche. Il pria quelque temps près de M. Hamon, en lui demandant de s'unir à ses prières ; et le malade le suivait du cœur et des lèvres, à voix basse et entrecoupée. A la fin de la prière, le prêtre lui proposa de se préparer à recevoir une dernière fois l'absolution :

— « Oh ! oui, » répondit-il ; et il murmura d'une voix inarticulée l'acte de contrition, pendant l'administration du sacrement de Pénitence. Ses mains étaient jointes, et son regard, élevé vers le ciel, ne retomba sur le prêtre qui l'absolvait que pour le remercier, en même temps qu'il balbutiait ces mots qui furent ses derniers sur la terre :

— « Merci, mon père, merci ! »

Dans le courant de la matinée, l'état du malade

devînt très-alarmant ; l'engorgement augmentait aux poumons, tout annonçait une prochaine et complète asphyxie : c'était déjà une sorte de râle et comme le commencement de l'agonie. Dès lors, plusieurs prêtres de la Communauté à la fois restèrent auprès du moribond, priant à voix basse, ou lui suggérant, à haute voix, les pieux sentiments qui convenaient à sa situation. Vers trois heures et demie, il n'y avait plus à s'y méprendre : c'était la suprême agonie. Le mourant ne pouvait plus parler, mais il entendait certainement ; et les signes par lesquels il répondait à ce qui lui était dit témoignaient, sans aucun doute, qu'il avait connaissance. Alors, son confesseur lui rappela les textes sacrés et les formules de prières plus particulièrement applicables à ces derniers moments ; et il lui présentait l'image du divin crucifié. De temps en temps, il s'assurait que le moribond entendait et comprenait toujours. Trois minutes environ avant le dernier soupir, après lui avoir répété les noms de Jésus, Marie et Joseph, il ajouta :

« *Pater, memento nostri, cum veneris in regnum* ; Père, souvenez-vous de nous, lorsque vous serez arrivé dans le royaume des cieux. »

Alors encore, un léger mouvement des doigts du mourant, sur la main de celui qui lui parlait, indiqua que cette recommandation avait été comprise.

« *In manus tuas, Domine, commendo spiritum meum*, ajouta le confesseur : Seigneur, je remets mon âme entre vos mains, Jésus ! Marie ! Joseph !... » Ces mots furent les derniers que le saint prêtre entendit ici-bas ; et son âme s'envola doucement vers le Seigneur, pour reposer et dormir en paix dans son sein. *Beati qui in Domino moriuntur !*

Le 16 Décembre, à quatre heures et demie du soir, lorsque M. Hamon rendit son dernier soupir, il avait soixante-dix-neuf ans et sept mois. Une heure après, un glas funèbre de la grosse cloche de Saint-Sulpice annonçait à la paroisse qu'elle venait de perdre son vénérable et saint pasteur. M. le Curé de Saint-Sulpice est mort ! disait-on de toutes parts : et ces paroles, entrecoupées par le tintement lugubre, laissaient dans les familles chrétiennes du quartier la tristesse et des regrets.

Le lendemain, jeudi, le corps fut embaumé pour être exposé à découvert et revêtu des habits sacerdotaux, dans une grande salle de la Communauté disposée en chapelle ardente, depuis le vendredi jusqu'au dimanche soir. Pendant ces trois jours, des élèves du Séminaire se succédèrent sans interruption pour venir prier près de ces restes mortels ; mais les prêtres de la Communauté s'étaient réservé d'en être les gardiens durant la nuit. Pendant ces jours aussi, et le dimanche surtout, il y eut affluence de visiteurs à la chapelle ardente. Des prêtres, des religieux, des personnes de tout rang et de toute condition se pressèrent par milliers, pour venir y déposer, avec leurs prières, l'hommage de leurs regrets et de leur vénération. Beaucoup d'entre eux demandaient aux séminaristes de faire toucher au corps du saint prêtre quelques objets de piété, et on ne le quittait pas sans un dernier regard, qui paraissait une prière inspirée par le souvenir de si grandes vertus.

Ce fut le lundi, 21 Décembre, qu'eurent lieu le convoi et le service de M. Hamon. Le convoi fit un détour, de la rue de Vaugirard par la rue de Tournon et la rue Saint-Sulpice. On en fit comme une pieuse procession, pour satisfaire la religieuse curiosité des paroissiens, et leur rappeler les bénédictions qu'ils avaient si souvent reçues de leur excellent pasteur. Le deuil était conduit par deux neveux du défunt, et par des prêtres de la Communauté et du Séminaire. Malgré le mauvais temps, au passage du cortége, on voyait la foule s'arrêter et les hommes se découvrir avec un respect silencieux.

La grande église de Saint-Sulpice était trop petite pour contenir la multitude qui s'y pressait, à l'heure du service. Son Eminence Mgr le Cardinal-Archevêque de Paris était dans le sanctuaire, avec plusieurs évêques et ses vicaires généraux. Dans le chœur, avec tout le

Séminaire, il y avait des chanoines, des curés en étole, et un grand nombre de religieux et de prêtres. Les autorités municipales et civiles avaient pris place, dans la nef, près de la famille et à côté du corps, qui était entouré de prêtres de la Communauté et du Séminaire. A la suite, on voyait des délégations de toutes les associations, de toutes les œuvres et de toutes les maisons d'éducation de la paroisse. Enfin des milliers de personnes de toutes les classes se trouvaient accumulées indistinctement sur tous les points du vaste édifice. On se sentait ému au seul aspect de cette foule immense, silencieuse et recueillie.

La sainte messe fut célébrée par M. Lagarde, vicaire général et archidiacre de Sainte-Geneviève, et on y lut la lettre de Mgr le Cardinal-Archevêque de Paris. Son Eminence se réserva de faire l'absoute. A ce moment surtout, et lorsque le corps fut porté aux caveaux de l'église par des prêtres de la Communauté et du Séminaire, la douleur et les regrets s'exprimèrent dans la foule d'une manière touchante ; bien des larmes coulèrent ! C'étaient les derniers adieux d'une grande famille au père vénérable et bien-aimé qui l'avait quittée pour remonter vers Dieu.

Oui ; mais nous ne pleurions pas comme ceux qui n'ont pas d'espérance !... O père ! nous en avons la confiance, nous vous reverrons un jour, dans les joies du

Seigneur. En attendant, nous nous rappellerons, comme un encouragement, cette bonne et douce parole exhalée de votre âme, au seuil de l'éternité :

« Chère paroisse de Saint-Sulpice ! comme je la recommanderai au bon Dieu, quand je serai devant lui ! »

www.ingramcontent.com/pod-product-compliance
Lightning Source LLC
Chambersburg PA
CBHW060708050426
42451CB00010B/1332